시(詩)로 보는 육십갑자(六十甲子)

삼정(森亭) 김나현 제1시집

도서출판 문예사조

시인은 지구상의 모든 대상 즉 우주와 하늘과 땅, 산과 바다 그리고 태양과 밤 하늘에 빛나는 별들을 비롯해서 존재하는 일체의 모든 것들에게 대화를 원하고, 자연대상을 사유하고, 잔잔한 이야기들을 나눌 수 있는 그 무엇을 분명히 그 누군가에게 전할 수 있는 진솔한 이야기로 들어주길 간절히 바라는 마음뿐입니다.

그러므로 시인은 듣는 이가 눈을 감고, 귀를 막고, 문을 닫고 있어도 들을 수 있고, 볼 수 없어도 전할 수 있고, 깜깜한 밤 하늘에 반짝이는 별들을 헤아려 볼 수도 있고, 시커먼 먹구름 속을 열고서 표현할 수도 있기 때문입니다. 산골짜기 피어오른 안개꽃 같은 수많은 이야기 속에 넓고 깊은 푸른 바다의 출렁임 속 뭇 생명의 이야기 소리 듣고 전할 수 있는 오로지 표현의 자유로 말할 수 있기 때문에 이 글을 써 봅니다.

시인은 어린 시절 동심의 맑은 영혼으로 말하고, 중년의 행동과 몸짓으로 표현하고, 60년[耳順]을 눈앞에 두고서 지난 20여 년간 십간 십이지(十干 十二地)를 터득하면서 동양철학을 목마르게 애태우던 지난 세월을 되돌아보며 오직 '시(詩)'로써 전하는 문학의 향기 속에 좋은 인연들과 문학의 꽃이라는 '시(詩)'로 소통하고 잠시잠깐 머무는 소중한 인연 세상 사람들과 『시(詩)로 보는 육십갑자(六十甲子)』를 지어 보려고 합니다.

그리고 육십갑자(六十甲子)의 역사를 살펴보는 것은 그 옛날 고서에서부터 전해 오던 높고 깊은 전통적인 학문적 연구에서 벗어나서 오로지 '시(詩)'로써 느끼고 글로써 육십갑자를 표현할 수 있는 대상으로만 보여 주시길 바랍니다. 시인은 자유로운 표현으로 일반 사람들과 소통하고 맑은 영혼으로 진솔한 삶 속에서 엮은 이야기들을 '시(詩)'로 들어주기를 간절히 바라고 원합니다.

시인은 오직 표현의 자유가 있기에 용기를 내 보았습니다.

2018년 8월

육십갑자(六十甲子)는 고대의 중국과 우리나라의 역법(曆法)이자 60년에도 해당이 된다. 회갑이란 60년을 살고 또다시 만나는 간지를 말한다. 그렇게 사용되었던 주기 즉 천간(天干) 지지(地支)의 이름이다.

1주일의 주기가 7일이듯 육십갑자의 주기는 60년이다. 일주일의 하루에 월(月), 화(火), 수(水), 목(木), 금(金), 토(土) 등 각기 다른 명칭이 있듯이 육십갑자의 한 해도 각기 다른 간지(干支) 이름을 가지고 있다. 그 옛날 우리 조상은 사건이나 행사가 일어난 해(年)를 나타낼 때 이 간지(干支) 이름을 사용하여 나타냈던 것이다.

예를 들면 우리가 '기미(己未) 3·1운동', '임진왜란(壬辰倭亂)' 또는 '병자호란(丙子胡亂)'을 말할 때, 기미(己未), 임진(壬辰), 병자(丙子)는 모두 육십갑자표(六十甲子表)에 들어 있는 간지(干支) 이름을 딴 것이다. '기미(己未) 3·1운동'은 기미(己未)년(서기 1919년)에 일어났던 3·1운동을 뜻하고, '임진왜란(壬辰倭亂)'은 임진(壬辰)년(선조(宣祖) 25년), 즉 서기 1592년에 일어났던 일본군과의 싸움을 뜻한다. 그리고 '병자호란(丙子胡亂)'은 병자(丙子)

년(인조(仁祖) 14년), 즉 서기 1636년에 일어났던 청군(青軍)과의 싸움을 뜻한다. 이와같이 우리 조상들은 간지(干支)를 사용하여 사건 발생 시기를 나타냈기 때문에 우리가 조상들의 문헌(文獻)을 이해하기 위해서는 그들이 사용한 육십갑자의 구성에 대해 알아보지 않을 수 없다. 그러면 육십(六十) 갑자(甲子)의 구성을 알아보기 위해 육십갑자표(六十甲子表)를 아래에 소개한다.

■ 육십갑자표(六十甲子表)

甲子 乙丑 丙寅 丁卯 戊辰 己巳 庚午 辛未 壬申 癸酉
甲戌 乙亥 丙子 丁丑 戊寅 己卯 庚辰 辛巳 壬午 癸未
甲申 乙酉 丙戌 丁亥 戊子 己丑 庚寅 辛卯 壬辰 癸巳
甲午 乙未 丙申 丁酉 戊戌 己亥 庚子 辛丑 壬寅 癸卯
甲辰 乙巳 丙午 丁未 戊申 己酉 庚戌 辛亥 壬子 癸亥

■ 육십갑자(六十甲子)는 60년으로 각각의 간지(干支)는 두 자(字)로 이루어져 있다.

그리고 육십갑자는 하늘을 상징하는 십간[天干]과 땅

을 상징하는 12지지(地支)를 결합하여 만들어진 것이다.

■ 십간(十干)

甲 乙 丙 丁 戊 己 庚 辛 壬 癸

이 십간은 육십갑자 안에 여섯 번 들어 있다.

십간(十干)이 10년마다 한 번씩 돌아온다.

■ 십이지(十二支)

子 丑 寅 卯 辰 巳 午 未 申 酉 戌 亥

■ 은나라의 유적지에서 발굴된 거북이 등뼈와 동물뼈에 새겨진 갑골문자(甲骨文字)에서 이미 왕의 이름에 사용되었고, 일진을 기록하는데 사용되었다는 것이 밝혀졌다. 지금으로부터 4000년 전 일이다. 인류 최초의 과학이라고도 할 수 있는 수학과 기하학, 즉 숫자와 권과 사각형을 포함하여 4000년 이상을 인류의 삶과 함께해 온 역법의 도구가 바로 육십갑자(六十甲子)이다.

육십갑자(六十甲子)가 상징하는 의미가 자연의 기

운과 순환을 아라비아 숫자보다 정확히 표현해 주고 있었기 때문에 그 긴 시간을 인간의 삶과 함께 유지해 내려왔다는 것을 부인할 수 없다. 육십갑자를 하루하루에 배정한 것을 '일진'이라고 하는데, 조선왕조실록 연대기를 보면 역일을 적어 놓지 않고 일진을 쓴 후 그날 있었던 일을 기록하고 있다.

육십갑자(六十甲子)의 노래

하늘과 땅 그리고 우주 안에
음양오행 목 화 토 금 수 오성구

무극은 음양으로 나누고
음양은 하늘과 땅, 낮과 밤으로

하늘은 구름을 안고 비치고
땅은 오행을 담아 상생하고

천황씨가 '고갑자'를 정하여
대요씨는 '십간(十干)'을 만들어서

황제는 12지지를 만들고
달(月)의 기호를 정하였네

찬란한 동방, 빛나는 기상
시(詩)로 보는 육십갑자 속으로 달린다.

동방에 울리는 기상 소리

찬란한 동방의 기상 소리에
서쪽하늘 붉게 물들어 갈 때

남방에 타는 정열의 불꽃으로
북쪽하늘 어둠에 고요함을 수놓고

힘찬 생명의 기상 소리
천지를 깨우며 꿈틀거리고

가녀린 다섯 손가락 오행으로
하나의 몸짓으로 태어나 구른다

모태로부터 부여받은 생명의 줄기
최초의 위대한 선물은 작명이다

평생을 들어도 또 듣고 싶은 이름
위대한 생명 탄생, 작명의 소리.

Contents

1부

甲子旬

Contents

2부

甲戌旬

Contents

3부

甲申旬

Contents

4부

甲午旬

Contents

5부

甲辰旬

Contents

6부

甲寅旬

제1부

(甲子 旬)

갑자(甲子)

육십갑자 대장부의 기상 높이 세우고
부드러운 흙 속 그리워 살뜰히 헤집고

넓은 가슴으로 가득히 품어
자애로운 마음으로 안아서 보듬고
어지러운 세상 편안한 어미의 둥지

자존심 너무 강해서
하늘 보듯 위로만 보고

저 높은 곳을 향하여 꿈을 싣고
투박한 껍질 속살은 희고 고운데

목마름은 지혜로 적시고, 글로 채우고
조상의 뿌리 내린 인연으로 맺은 자리

사시사철 푸르른 청솔가지의 싱그러운 꿈
총총한 너의 걸음 앞에 신록(新綠)이 우거진다.

을축(乙丑)

바람은 세월을 더듬고
한기는 발끝에 스미고

고단한 삶의 여정은
생동하는 날 고대하고

한들거리는 생각으로
연한 잎사귀 바람에 실고

부드러운 너의 연한 손길로
파릇하고 가녀린 잎새 이는 바람

사랑으로 휘어져 이어 가고
온실 속 가득한 향기로 채우고

야속한 바람으로 불빛 흩날리고
한 생각 꿈을 실어 보내고

인내로 친구하려고
희망에 뜻을 품고서

모진 환경 의지로 참아내고
매서운 바람에 깃털마저 세우고

한설에 냉기 가지런히 다지고
모진 추위 극복하는 인내의 길.

병인(丙寅)

지구, 태양으로 생명을 자양하고
세상을 비치는 에너지로 발산하고
따스한 온기 불타는 열정

급한 마음 상처로 남고
깊이 얼룩질까 두렵고

간섭받기 싫은 자유로운 영혼
동방으로 홀로 비추어 장엄하고

어두운 밤 하늘 눈빛으로 밝히고
거칠게 울려 퍼지는 위엄 소리
용맹함으로 산을 넘고 달을 품고

솔직한 마음 속에 품은 야망
무엇으로 대신하고 채워질까

항상 주변을 바쁘게 움직이고
뜻을 지향하고 열정은 가득하고

자식인연 처음은 좋으나 나중은 근심이고
너무 기대하지 말고 길을 열어 앞을 보라

희망을 꿈꾸고 인내로 극복하고
밝은 이상세계 추구하고 지향한다.

정묘(丁卯)

우아한 분위기, 멋진 음악에 취하고
반짝이는 두 눈으로 사방을 살피고

환경 따라 적응력 빠르고
눈치 빠른 순발력 더욱 빛나고

밝고 명랑하고 고상함으로
해맑은 미소 가득하고

마음 한 구석 그늘이 있고
조용한 내면 근심 깃들고

사려 깊고, 효심은 지극하고
인연은 박하기만 한데

이기심은 내려놓고
인내로 극복하고 달래고

주변을 헤아리고 보살피고
이기심, 오기는 내다버릴 때

따뜻한 마음과 온화한 성품
빛으로 비쳐질 때 아름답고
울고 웃는 감정의 기복 있다.

무진(戊辰)

태산 같은 꿈을 키워 보고
크고 담대하고 우직하다

높은 산 야망은 산 위로 걸고
산 메아리 저 멀리 울리고

이상은 높기만 하고
꿈은 산을 오르고 크기만 한데

따스한 봄날 울리는 진동소리
바람의 고운 손길, 생명의 노래

우직하고 듬직한 신뢰
믿음과 중화에 의지하고

변화로 고집 버리고
세상 이치를 따르면 행복하고

새싹을 밀어 내는 흙 속 몸부림
비범한 형상으로 용틀임 칠 때

푸르른 산 우거진 숲 꿈꾸고
만족할 수 없는 야망에 살고

수풀 속 보금자리 어미품 속
생명 소리에 진동 소리 울린다.

기사(己巳)

학문의 뜻 인연 깊고
부드러운 내면의 고상함

기름진 문전옥답(門前沃畓)
할 일은 많고 바쁘기만 하고

진주라도 캐내듯이 작은 돌 고르고
태산같이 많은 일복 쌓여만 가고

한평생 속은 알 수가 없고
어디를 가든 바쁘기만 하고

여기저기 할 일이 많고
부지런함이 결실을 부르고

온전히 지키는 것은 빈틈없고
높은 이상은 산을 오르고

도무지 알 수 없는 번민으로
한생각 내려놓으면 편안하고
모든 세상 인연들 행복의 길.

경오(庚午)

동쪽으로 재물을 부르고
남서로 희망찬 사회 열고서

남쪽으로 기틀을 세우고
신망을 얻고 신뢰를 쌓고

서쪽방향 동료의 힘 얻고
북방으로 덕을 쌓고

겸손하고 예의바르고
질서를 유지하는 삶으로

오직 중화를 이르게 하고
사회를 아름답게 빛내고

세상을 변화시키려고
물을 건너서 산을 지향하고

명예도 출세의 욕심도 품고서
대낮을 달리는 야망의 산으로

황금들판은 완장으로 빛나고
책임감 의리로써 주변을 고른다.

신미(辛未)

예리한 감각으로 감지하고서
세상을 구르고 산을 내리고

민감한 후각 침샘 자극하고
재치와 수단이 남다르고

부드러운 미소 속에
날카로운 근심이 있고

뜨거운 열기만큼
성내면 포악하고

알면 알수록 예민하고
가끔 변덕스러움 있고

까다로운 성품 내려놓고
사려 깊은 통찰력으로

활활 타오르는 열정
조약돌 고르고 다듬고

아무도 알아주지 않아도
홀로 바윗돌 고르고.

임신(壬申)

푸른 바다 속 깊은 곳
생각은 깊고 이상은 높고

적응력 뛰어나는 열정
의욕은 섬 바위 품어 보고

왕성한 활동력으로
밀고 당기듯 할 일은 많고

뜻은 강하고 매우 활동적이고
잘못을 인정하지 않는 기질

밖으로 친절하고 다정하지만
세상을 향해서 늘 저돌적이고

바위심장 인내로 달구고
뼈리내린 냉정함 감추고

재주가 많아서 평생 고단하고
깊은 물결 속 지혜로 열고

맑은 정신으로 영혼을 수양하고
돌고 돌아가는 세상 잠시 머물다

출렁이는 물결 따라 재주 부리고
세상을 향해 달리고 이상을 지향하고.

계유(癸酉)

어둠이 내리는 서쪽 황금빛 노을
이슬방울 맺힐 때 저녁을 부르고

뛰어난 잠재력 감각으로 전하고
어둠에 비는 보슬보슬 내리고

다정하고 지혜로운 섬세함
주변에 시기, 질투 따르고

낭만의 개성을 추구하고
예술적 기질 재치로 발산하고

마음은 비에 젖을까 옷소매 여미고
무더위 식혀 주는 한 줄기 빗소리

밤 하늘에 빛나는 별들을 가리고
깊은 생각은 지혜로 꿈을 키우고

맑은 물소리 세상을 꿰뚫어 보려고
어둠이 내리는 저녁 둥지로 찾아들고

타오르는 저녁 노을 그리며
깊어 가는 어둠, 시작의 소리.

제2부

(甲戌 旬)

갑술(甲戌)

큰 뜻은 이재(理財)를 지향하고
근면 성실로 결실은 다지고

감성이 풍부하여
현실을 즐기고 탐하고

자유로운 프리랜서
초지일관 잘 못하고

마음을 비워 놓고서
의지할 곳을 지향하고

자존심은 하늘을 울리고
큰 뜻은 물질에 품고 있네

열매와 결실은 오곡으로 담고
황금의 저녁을 부르고 달린다

가슴 속으로 모닥불 피어오르면
기대로 열매와 결실을 고대하고

충직한 마음으로 지키고 있고
장소를 가리지 않고 세우는 촉각

낮과 밤을 뜬 눈으로 지새우고
오직 야망의 물질 두고 지향한다.

을해(乙亥)

하늘을 날아오르고픈 야망 품고
지혜로운 학문으로 기틀을 세우고

부드러운 내면의 자상함이 있고
의지하고 기대는 섬세함이 있고

정신세계 지향하고
고상하고 우아하다

물질보다 이상을 추구하고
아련한 추억 속 생각으로

물 위로 날아오른 저 갈매기 떼
세상을 자유로이 떠돌고 있고

뜻은 높아서 날으는 곳에 두고 있고
잠시 들렀다가 가는 동행길

주변의 변화로 빠른 적응력이 있고
유랑자 기질로 늘 바삐 움직이고

항상 바쁘고 호기심, 관심으로 나돌고
여기저기 뜻을 두고 동분서주하고.

병자(丙子)

푸르른 바다 물결 속 비쳐진
햇살의 따사로움 받아 안고서
맑고 투명함은 속살 비치고

이상세계 창의력은 뛰어나고
고상한 명분으로 뜻을 세운다

흐르는 세월 물결 따라 돌고
깊은 바다는 찬 물결 일으키고

명분과 체면을 중요시 하고
화려한 내면에 근심이 있고

발빠른 총총걸음 항상 나돌고
소득은 적고 품위와 명분으로

날 저무는 밤 새벽은 밝아오고
재빠른 동작으로 사방을 살피고

세상 사람을 밀고 끌어들이고
밝은 빛으로 주변을 알아차린다.

정축(丁丑)

우아한 정신세계 넘나들고
온화함 속에 기복이 심하고
임기웅변 능통하여 화술 좋고

애태우는 마음 추위에 떨고
바람에 사르르 가슴 조이는 현실

일복은 많아서 고단하고
거칠게 일하고 살아가는데

몰아치는 차가운 바람 맴돌고
꽁꽁 얼어붙은 냉정함은 잊고

깜박이듯 꺼져 가는
희미한 불씨 지피고

따뜻한 배려는 사방으로
온기 드리우고 덮는다
모진 마음 내려놓고서

모든 것 사랑으로 채우고
주변을 두루 비추어 주고

여유로운 마음으로 포용하고
좋은 인연의 온기로 담고 있으면 좋고.

무인(戊寅)

위엄과 용맹함은 천지를 흔들고
눈 덮인 산능선 누비는 위엄

의욕이 넘치고 활동적이고
우직하고 충직함에 책임과 의무

찬 서리 일어나는 밤 하늘
세찬 바람에도 요동이 없고

믿음직스럽고 충직한 역군으로
어둠을 뚫고서 불어오는 바람 속
두 눈을 크게 뜨고 새벽길 밝히고

지나간 발자국 소리마다
장엄한 위엄을 남기고

타고난 역마살 길을 달리고
날렵한 기상 소리는 산을 울리고

태산은 높아서 오르고
산능선은 넘어야 기쁘고

어려운 현실 극복해야 좋고
책임감으로 기적을 이룬다.

기묘(己卯)

조용하고 차분한 내면
부드러운 기상 흔들고

의지가 약해서 안주하지 못하고
가지 위에 오른 듯 눈 녹이고

파릇파릇한 동산에
고운 잎으로 피어나고

사방에 흩어진 씨앗들
새싹 돋아나길 고대하고

만물을 담고 길러야 하는 의무감
늘 바쁘게 대지를 요동치고 진동하고

타인에게 의지하려고 함이 있고
조직의 무리 속에서 위안을 받고

곱게 피어나는 대지의 지기
새싹 향기로 어루만지듯 피어나서

높은 산을 오를 때 날렵하고
바쁜 걸음 내리막길 주춤거리고

불안하고 그늘진 곳 내면의 성숙으로
때로는 행동으로 주변을 놀라게 한다.

경진(庚辰)

상서로운 기운 사방을 깨우고
허공의 진동 소리 감돌고 있고

생동하는 따스한 봄날
땅을 헤집고 새싹 피어날 때

하늘을 신고 날아오르고
바다를 노 저어 가보려고

세상을 향해서 의욕은 넘치는 기상
지휘통솔력 범상함이 대장부답고

자존감 강하고 굽힐 줄 모르고
투구를 두른 용기는 거침이 없고

의협심은 천지를 울리고
강인함으로 산을 덮고서

세상을 향해서
거침없이 나아가고

땅 속 진동 소리는 꿈을 키우고
변화로 아침의 기상 울린다.

신사(辛巳)

반짝이는 동산 햇살에 타오르고
풀벌레 우는 소리, 방울 소리 흔들고

수려한 외모 깔끔한 매너로
다정한 아름다움 사랑을 받고

사명감은 정의롭게 불타고
책임감 있고 예의바른 멋쟁이

어디선가 시원한 바람 불면
수풀 사잇길 흔들어 놓을 때

기나긴 인고의 삶의 여운
빛나던 두 눈썹 사잇길로

가늘어진 몸 부드럽게 흐르고
돌무덤도 사잇길 날렵하게 지나고

사방으로 흩어졌다가도
모이는 생명의 노랫소리 듣고

하얀 알 속이라도 품어 놓고
늘 갈 곳이 많아서 분주하고

정으로 품어 주면 감동이고
따뜻한 배려로 속을 달랜다.

임오(壬午)

깊고 깊은 바다는 어두움의 길
검은 진주의 꿈을 실어 보고

외유내강 용광로 불타오르고
암흑의 바다 속 끌어안고서

평생 욕망으로 바다를 메우고
따뜻한 물결 파도에 구르고

자연의 몸짓에 바닷길 열리고
사방으로 유유자적 자유롭고

늘 현실적으로 판단하고서
절약하고 이해타산적이고

벌거벗은 영혼으로
마음을 씻어 내리고

붉게 타오르는 물길 속
미생물의 풍요로움 싣고

검붉은 노을 속 청마의 말발굽 소리
바다는 철퍽이고 요동치며 흐른다.

계미(癸未)

하늘은 구름 몰아다 놓고
보슬비에 부드러운 새싹 움트고

차분히 땅 속으로 스며들고
주변을 다지고 고른다.

지혜로운 센스쟁이 발랄함
대중들을 불러 모으고

매사에 친화적이고
적응력이 뛰어나서

마음의 창 사색으로 전하고
뜨거운 대지로 스며들고

발길 닿는 곳마다 메마름의 길
자연의 풍요로움 호수 물결 그리고

수많은 사연을 바람에 싣고
부드럽게 주변을 보살피고
세상을 열어 주는 단비 스며들고.

제3부

(甲申 旬)

갑신(甲申)

이상은 높고 재주는 많고
풀잎에 새기는 푸른 야망

알찬 열매 희망 가득 싣고
어디서든 주변 시선을 사로잡고

생명의 빛줄기 타고 내리고
재능 많은 손길 부여잡고서

우월하고 자존심 강해서
책임감은 의리로 지키고

성급함이 스스로 재앙을 자초하고
차분한 안정이 필요하다

굴곡이 심하여 불안하고
길흉은 반복적으로 일고

늘 편안하지 못하고
내면의 속마음 알 수가 없고

꿈의 실현을 위하여 책임감 있고
재능으로 살려 아름답게 펼치네.

을유(乙酉)

조용한 내면 끈끈한 생명력
자존감으로 맴돌고 인내하고

부드러운 매력 발산하고
이성들에게 유혹받고

이끌리듯 꿈길인 듯 가고
못 이기는 척 따라가고

아름다운 감각으로
멋스런 시선 사로잡고

온화하고 부드러운 내면
당당한 명분을 세우고

차고 냉한 부조화 현상
자신감 배짱이 부족하고

저녁을 부르는 소리에
귀뚜라미 소리 이슬비 맞고

어둠의 저녁 조용하게 울려 퍼지는 소리
세상을 잠재우는 에너지로 불태우고

하늘 높이 날아 둥지로 모여들고
황혼의 저녁노을 붉게 타오르는 열기.

병술(丙戌)

붉게 물드는 자연이 빚은 산
고운 단풍잎 오색으로 수놓고

저녁 노을 속으로 해질 무렵
어둠의 길은 찾아들어 오고

적응력이 좋고
언변술이 능하고

할 일은 태산같이 많고
일복은 타고 나서 바쁘기만 하고

대중의 무리 속 흡수하고
부드러운 눈길로 분주하고

눈동자 속으로 들어오면
멀어질까 헤집고 비빈다

두 귀는 바로 세우고
거친 숨소리 어둠을 뚫고

깜깜한 밤 별빛으로 내릴 때
충성의 메아리 산을 울린다

해지면 주인님 오실까 고대하고
논두렁길 따라 기다림 속으로.

정해(丁亥)

아름다운 달빛 호수에 비친 물결
출렁이는 바람 유혹으로 출렁이고

달 밝은 밤 번민으로 지새고
번뜩이는 비상함 뛰어나고
바람에 흔들리는 은은한 불빛

우아하고 고상함 두르고
물결에 비친 달그림자 부여잡고

끈기와 인내로 지켜야 살고
부족하면 허송세월 무심하다

현상에 매달리고 달리는 생각
감성을 울리는 마음의 등댓불

애정 바람이 불어오면
설레임으로 두 눈 감고서

어둠의 장막을 밝히는 두 눈동자
지혜의 불빛으로 밤을 열어 보고

흘러내리는 촛물 녹이듯 하고
지난 밤 뜬눈으로 깜박이다
검은 장막을 깨우는 산울림.

무자(戊子)

산 메아리 구름 타고 내려오고
골짜기 흐르는 맑은 물 흘러내리고

조화로 중화의 산을 오르고
이재에 능하고 현실을 지향하네

욕망은 큰 산을 넘어 보고
속은 깊어 파도의 길 열고

총총 걸음 재촉하고서
일상은 성실함으로 분주하고
태산 같은 재물에 꿈을 꾸고서

물길이 모이면 거친 파도 일어나고
빠른 재치 순발력으로 트고서
부딪치면 소리 없이 받아들이고

깊은 밤 외로움 우뚝 선 욕망의 산
높은 그늘 아래 지난 소식을 전하고

좁은 굴 속 파고드는 열정
재주는 능통하고 눈치 빠르고
큰 산허리 고속도로 뚫고서

희망에 찬 산 메아리 전하는 오솔길
어둠의 밤길은 생각하는 지혜로 밝히고.

기축(己丑)

차가운 바람 소리 윙윙거리고
눈꽃송이 서리서리 맺히고

동장군 찬 바람 몰고 오고
큰 대문 열고 들어올 때

바람에 속 얼어붙지 않게 하고
얼음 녹이는 시름 날려 버리고

조용하고 차분함은
부지런함으로 빙산을 고르고

혹독함으로 근심을 날리고
노력한 만큼 결실은 작은데

인내의 노력은 성공을 부르고
근면, 성실로 가면 행복이 깃들고

성실함으로 공덕을 쌓고
노력함으로 뜻을 펼친다.

경인(庚寅)

동방의 용맹함으로
천지를 뒤흔들고

갑옷 두른 옷깃에 휘장은
용맹함으로 바위산을 넘고

의리로 세상을 품고
책임감으로 뜻을 밝히고

야망으로 빛나는 열정
권력과 명분을 앞세우고

시작을 알리는 새해 희망 안고
인(寅)월 12지지를 관장하고

왕성한 활동력으로
이재를 지향하고

동방에 비치는 희망의 길
새벽길 열고 밝음 비치고

강인함으로 세상을 열고
단단함으로 철탑을 세운다.

신묘(辛卯)

동트는 새벽 아침은 밝아 오고
단잠을 깨우는 소리 진동하고

햇살 그리운 이슬길 열어 놓고
조약돌 옥구슬 구르듯 하고

생각은 분명하고 날카롭고
매사 솔직하고 예민하다.

까다로운 내면의 기질 있고
입김 서리면 상처로 남고

말보다 행동으로 먼저하고
앞서 가려는 기질 강하다

이재에 뜻을 세우고
현실에 관심을 두고 있다

차가운 바람은 바윗돌 고르고
따스한 마음으로 두루 살피고

심오한 생각은 긍정을 소유하고
실천은 행동으로 준비하고

부드럽게 주변에 덕을 쌓고
현실에 재물을 부른다.

임진(壬辰)

조용한 바다 속 깊은 곳에
수많은 무생물 움직임 소리

드넓은 바다 갯벌의 속삭임
풀잎에 기대고 자란다

물결 따라 인연 따라 가고
밀려드는 파도에 실어 보낸다

자존심으로 갯벌 둑을 쌓고
고독한 외로움 파도를 넘고

하얀 거품 토해 내듯 뱉어 버리고
검게 타 들어가는 속을 쓸어 내리고

부모 형제 인연 없고 객지로 떠돌고
외로운 타관객지 향수에 젖어 울리고

갯벌에 쌓인 먼지 씻어내리고
물결 따라 밀려오는 거친 숨소리

어려운 환경에 물들지 말고
현실의 뜻을 세우는 번영의 길.

계사(癸巳)

하늘이 돕는 천을귀인(天乙貴人)
어려운 일 극복하고

세상을 향해서 앞서려고
이상은 높고, 야망은 크다

무명의 어둠은 사라지고
밝은 감성의 빛으로 오고

재주가 남다르고
남보다 앞서려는 기질

번뜩이는 지략은 뛰어나고
지혜로운 순발력 재치로 넘치고

매사 소심하고 냉정함이 있고
이재에 관심이 많아서 욕심 부리고

새벽 안개 물오른 길 누비고
사방으로 먹이사슬 늘 바쁘고

방울 소리 사방으로 울리고
생명의 소리에 입을 열어 본다.

제4부

(甲午 旬)

갑오(甲午)

푸르른 산 꽃으로 단장하고
오색의 무지개 빛 수놓을 때

멀고도 긴 인생길
천릿길 달려 보고

타고난 재능 남다르고
끼와 매력, 재치로 넘치고

멋을 아는 화려한 멋쟁이
푸른 청마로 꽃밭을 누비고

호탕하고 솔직하고
친화적인 포용력으로

어디를 가든 타인들에게
이목을 끌고 주목받는다

청춘의 꿈 활짝 날개 달고서
달리는 인생길 꽃길 위에 피우고

아름답게 핀 꽃나무 열매 맺을 때
인생의 결실을 맞이하여 보고

끈기와 인내로 덕을 쌓고
열정으로 세상을 달린다.

을미(乙未)

단아한 자태로 설레임
멋진 이성을 유혹하고

부드러운 마음으로 배려하고
뛰어난 미각으로 주변을 감싸듯 하고

솜털 같은 포근함 땅을 덮고
수풀을 누비고 고른다

담을 넘어가는 생명의 소리
지붕 타고 올라 벽을 감싸고

이리저리 휘감고 서려고
골 패인 이끼마저 딛고서

탐욕으로 부르는 끼
의욕으로 뜻을 펴고

넓은 들녘의 고단함으로
오곡을 부르는 풍요를 기약한다

노력하는 힘으로 정원을 가꾸고
타는 속 버릴 때 행복이 깃들고.

병신(丙申)

청아한 하늘빛 반짝이고
뜨거운 태양이 작열할 때

재주 많은 잠재력 끼로 발산하고
열정으로 뭉쳐진 재능은 많고

마음 속까지 내놓고 밖으로 돌고
무한한 재주로 바위산 넘고

명예욕 출세욕으로 눈멀고
타인들 관심에 불타오르고

세상의 이목을 한눈에 받고서
변화에 능동적으로 대처하고

늘 노력하는 부지런함
물질에 풍요를 얻고서

넘치고 가득 찬 욕망으로
화를 부르고 자초한다

화통한 성격 수단 좋고
변화에 능통하고 현실적이다.

정유(丁酉)

서쪽 하늘 붉게 타는 석양
저녁 노을에 곱게 물들고

영롱한 금은보석 진주로
반짝이는 빛으로 밝히고

조화를 이루면 무지갯빛
초저녁 밝히는 아름다움

수려한 미모 눈길로
시선을 끌어들이고

현실적인 재물에 집착하고
이기적인 내면을 가지고 있다

치우치고 편중되면 힘들고
감정은 메마르고 속태우고

현실만을 추구하고 지향한다
인정은 있는 듯 해도 약하고

기도와 명상으로 마음을 열고
맑은 정신으로 풍요를 꿈꾸길.

무술(戊戌)

산은 높을수록 장엄하고
물은 깊을수록 조용하고

태산 같은 우직함으로
믿음을 쌓고 중화로 이루고

고집으로 어려움 따르고
근면, 성실로 신뢰를 쌓고

장부의 포부는 산을 넘고
높은 산 중심에 기둥 박고

첩첩산중의 깊은 골짜기
자욱한 안개꽃으로 피어나

오색으로 곱게 물들어 가는 산
단풍잎마저 석양으로 깊어질 때

생명의 물소리 흐르는 산골짜기
미생물 숨소리 살아서 움직이고

속은 깊어 평생을 보이지 않고
오행을 품어안고 뭇 생명
살아 움직이는 소리.

기해(己亥)

찬 서리 내리는 밤 하늘
휘몰아친 어둠의 세상 속

눈보라 몰아치는 냉기는
근심걱정 떨치고 일어서

평생을 재물에 뜻을 두고 바쁘고
밖으로 조용하고 섬세함이 있고

세상의 흐름 조용히 받아들이고
흐르는 물길에 찬스를 부여잡고

현실감 선견지명(先見之明) 살리고
주변을 의지하고 따르는 길

굳은 신념 미약하고
추진력 결단력 부족하다

어두운 밤 하늘 검은 장막
별빛으로 편안한 둥지 만들고

고단한 하루 지친 몸 쉬고
조용함으로 만물을 품어 보고

새봄을 재촉하는 새싹 틔우고
새벽을 열어 보려고 달린다.

경자(庚子)

깜깜한 밤 하늘 먹구름 속
큰 산마저도 덮은 안개꽃 피고

깊은 밤 하늘 뭉게구름 띄우고
어둠의 길 통찰의 지혜를 열어

희생과 사랑은 바위산 뚫고서
얼음같이 차가운 냉기 맴돌고

결단력 추진력 대단하고
의리도 있고 수단도 좋다

큰 바위지붕 이불로 덮고서
작은 구멍 오솔길 만들고

부지런한 일상으로
주변을 돌보고 보살펴

어둠의 험한 길은 쉬어 가고
깊은 밤 흐르는 인생길에

보살피는 마음으로 세상을 열고
넓은 세상길에서 몸을 구른다.

신축(辛丑)

찬 바람에 한겨울 서리 얼리고
냉정하고 예리하고 까다롭다

비장의 칼날 세우고
곧은 대쪽 같은 기질

함부로 주변을 휘두르면
주변은 힘들고 어려워라

냉기로 화를 자초하고
분명함으로 선을 그리고

수려함 부드러울 때 아름답고
사람들의 이성을 불러일으키고

한 생각 순간의 찰나 생각은
명상으로 조용히 다스리고

찬 서리 맺힌 독한 마음 내려놓고
주변을 품고 포용의 너그러움 품어

부드러움 속 지혜로 채우고
물길 가르는 삶은 여유롭다.

임인(壬寅)

어둠 속을 가르는 용맹함
험준한 세월 산을 오르고
비범함은 당할 자가 없다

눈치 빠르고 현실 적응력 있고
임기웅변이 따를 자가 없다

지혜롭고 뛰어난 순발력
부지런함으로 세상 이끌고

타고난 일복은 산을 쌓고
현실의 이재를 지향하고

달님도 깊숙이 감추고
푸른 바다 속 심고 싶은 꿈

바다를 높이 들고서
큰 나무숲 속의 성을 만들고

숨겨 둔 재물에 위안을 삼고
뜻을 이루는 담대한 욕망으로

기복은 크고 깊기만 한데
주변을 희생과 봉사로 보듬고.

계묘(癸卯)

차분히 스며들고 내리는 이슬방울
대지를 파고드는 기운 새벽을 열고

아침 이슬에 맺힌 사연들
촉촉이 스며드는 미생물 품고

가녀린 잎새 피어나는 생명의 소리
조용한 기다림 에너지로 받아들이고

타고난 끼로 주변 발산하고
부드러움으로 세상 사로잡고

동트는 새벽이면
사방을 살피고 누빈다

호기심 많고 갈 곳은 가득하고
할 일은 많고 열정은 넘치는데

사방으로 나돌고 부지런하고
배려와 인내로 보듬고 친화적이다

생명의 이슬비 흐르고 맺힐 때
바쁜 걸음 아침을 열고 달려가 본다.

제5부

(甲辰 旬)

갑진(甲辰)

상서로운 기운 청춘을 발휘하고
조화를 부려서 변화가 무쌍하고

꿈틀거리는 용틀임소리
산을 넘고 바다를 건너 전하고

허공을 부르는 욕망의 소리
재물 욕심으로 마음 흔들고

푸른 녹음의 새 옷으로 만들고
아름답게 세상을 보듬고 품어

성취욕 강해서 화를 부르고
이성을 따르고 풍류를 즐긴다

열정은 변화를 추구하고
갈등으로 얼룩질까 근심하고

정상에 올라 활짝 날갯짓하고
지목의 나뭇가지 희망을 걸고

천지를 흔드는 강인한 기상
세상으로 울려 퍼지는 봄날의 생기.

을사(乙巳)

넘치는 끼로 변화를 추구하고
멋을 알고 즐기는 풍류객

유행을 부르는 화려한 멋
시선을 끄는 매력 발산하고

남다른 열정으로 가득하고
너무 조급해서 화를 부른다

자유로운 영혼에 꿈을 실고
남보다 앞서려는 기질이 있고

소리 없이 달려가 느껴 보고
우거진 수풀 헤치고 누비는 활동성

꿈틀거리는 욕망의 늪으로 달리고
촉각으로 듣는 생명의 움직임 소리

사방으로 자연의 소리에 민감하고
한 가지 끈기와 인내가 부족하고

불타오르는 열기 뿜어내듯 하고
오솔길 열어 꽃잎 사잇길 가른다.

병오(丙午)

태양의 에너지 뜨겁게 달구고
가는 길마다 열정으로 타고

이상이 높아 하늘길
빛으로 열어 놓고서

대장부의 기상 담대하고
솔직하고 적극적으로 나서고

뜨거운 열정으로
세상에 꽃 피우고

사랑으로 꿈을 밝히고
저돌적인 야생마 붉게 물든 꽃길로

아득한 지평선 넘어 보고
드넓은 평야 아득한 지평선 넘어

두 눈을 크게 뜨고 순간에 비친
자유로운 영혼 거침없이 달린다.

정미(丁未)

열정으로 가득하고
끈기는 부족하다

인내로 세상을 담고
느긋한 마음은 고르고

주변 환경에 민감하고
예민한 미각으로 후각 만들고

가는 곳마다 뜨겁게 불태우고
뜨거운 열정 이성적 매력 발산하고

독신으로 살아가는 외로움
조급해서 실수를 유발하고

기다리는 미덕이 필요하고
타인을 배려하는 마음 있어야 하고

반짝이는 재치로 주변을 웃음 주고
정열에 불타오르는 꿈 싣고서

활짝 핀 이름 모를 꽃들의 언덕
순한 양들의 깃털로 물들인다.

무신(戊申)

재주로 큰 산을 넘어 보고
바위 품은 태산 이루고

높은 산 오르는 기이한 절벽
큰 바위 속으로 바람들이고

재주만 믿고 경거망동하고
속전속결은 실수를 낳고

재주가 많아서 어디를 가든
타인을 모으는 기발한 재능 있고

자연의 조화로움 위에
눈부신 황금빛 절정 수놓고

바위 밑으로 흐르는 물
맑은 생명의 물소리

맑은 물 졸졸 흐르면 주변 생기로
생명 가득히 아름답게 피어나고

평온한 주변은 끼로 뭉치고
자연 환경에 조화로움 이루고

태산 같은 우직함은 신뢰를 쌓고
바위산마저 넘어 재주로 이룬다.

기유(己酉)

저녁 노을 석양에 물들고
어둠의 밤길 날아오르고

사교적인 매력 발산하고
주위 시선집중 모으고

재치로 주변을 이끌고
분주하고 활동적이고

일복이 타고나 고단하고
일을 찾아가는 부지런함

저녁 어둠이 내리면
새들도 둥지로 모이고

병아리 때 어미 품 속을 찾고
아늑한 보금자리 웃음소리

조용하고 다정하게 스미고
세상 사람을 모으고

내면은 실속으로 가득하고
바위 조약돌 다듬어 놓고

고단한 농부들의 친구 되고
풍성함 기약하고 황금 들녘으로 달린다.

경술(庚戌)

높은 자존감 이상을 추구하고
저녁 별 반짝이는 소리 귀를 세우고

정신의 세계 뜻을 두고서
지극한 마음으로 수양하면 길하고

자존감은 강해서 부러지고
중화로우면 여유롭다

인생이 양극단을 넘나들고
길흉이 심하고 굴곡이 있다

욕망은 기도로 다스리고
정성으로 지키면 아름답다

어두운 밤 충성의 소리 울리고
굳은 의지는 변함이 없는 인내로

산을 흔드는 메아리 속으로
천지를 울리는 충신의 소리

저녁 하늘의 별들이 깊어 가는 밤
천지를 지키는 충견의 소리 들리고.

신해(辛亥)

밤 하늘 희미한 안개 속
반짝이는 보석 큰 별 들여놓고

흐르는 강물에 비친 감추어진
달그림자 속 깊이 품어 안고서

수려한 모습 깔끔한 외모 매력 발산하고
요동치는 심장소리 활동적이고 유동적이고

흐르는 물길에 서릿발 내리고
서늘한 한기 냉함은 비수와 같다

뜨거운 열정으로 받아 안고
그리워하는 따사로운 불빛은

부드러운 미소로 주변을 녹이고
차가운 냉기 다정한 눈빛으로 덥히고

배려와 사랑으로 보듬고
따스한 온기로 세상을 녹인다

갈고 닦아서 달금하면 보석이고
영롱하고 투명하면 빛나는 별.

임자(壬子)

깊고 깊은 어둠의 바다 속
깊고 깊어 진주라도 심어 보고

지혜로 가득한 잔물결에
조용히 성숙을 노래하고

밤 하늘에 별빛마저 품고
달그림자 심어 놓고서

한 치 앞도 못 보는 어둠의 길
어두운 물길 위에 서성이고

희미하게 깜박이는
등댓불에 의지하고

세상을 향해서 밀려가 주름잡고
출렁이는 파도소리 철퍼덕거리고

정처 없이 한세상을 떠돌다
항구의 돛단배 돌고 돌아오는데

어디로 흐르던 잔물결에 세월 보내고
자유로운 영혼의 방향키 잡고 돌고

부드러운 생각마다 희망을 가득 싣고
봄비 내리는 따사로움을 꿈꾸고.

계축(癸丑)

어둠의 적막 한기로 서리 내리고
외양간 지키던 맨몸 멍석으로 덮고

차가운 공기를 몰아내고
우직하게 아침을 고대하고

지혜롭게 스며들고
민첩하여 냉하고 차다

얼음으로 꽃무늬 새겨 놓고
마음의 꽃으로 서리 녹이고

촉촉히 스며드는 이슬 맺힌 한기
무엇으로 녹일까, 얼음의 빙산

잠들어 버린 갯벌마저
왕조개 고개 드밀고

새벽을 그리며 잠들고
어둠의 꿈 속을 더듬고

단백한 기상소리 울릴 때
가슴 벅찬 새벽을 연다.

제6부

(甲寅 旬)

갑인(甲寅)

구름마저 걸쳐 놓은 큰 나무
높은 꿈 싣고 가는 동량지목

세상을 향해서 저돌적이고
천지를 휘몰아 호령 거친 숨소리

자존심은 하늘에 지향하고
산을 넘고 언덕을 올라서

용맹스러움 허공을 가르고
굽힐 줄 모르는 존재감으로

등잔불 밑이 어두워 실수하고
강한 의지 신념으로 극복하고

왕성한 활동성 부지런하고
산길 달리듯 천지를 넘어보고

앞만 바라보고 급하게 달리다 낭패하고
한숨 돌리고 쉬어 가면 편안한 길

함께 살아가는 여유로운 마음으로
삶의 고단함 내려놓고 쉬어 가면 길하다.

을묘(乙卯)

대쪽 같은 곧은 날개
큰 귀 달고 펄럭일 때

꿈 많은 친구들 부드럽고
연약하나 끈기로 버티고

여린 잎새 땅 속을 뚫고
치고 올라오듯이 자라고

끈기와 참는 인내로 살고
휘감는 재주부리고 오른다

지향하는 길에 거침이 없고
사방을 마음껏 누비는 갈대

좁은 통로 놓고서 지나고
인생은 길고 갈 길은 멀기만 하다

붉은 두 눈동자 불을 밝히고
새벽을 깨우고 봄날을 재촉한다.

병진(丙辰)

하늘을 오르는 열정
형상의 기운으로 서리고

몸부림치듯 요동치는 소리
사방을 흔들어 깨우는 기상 소리

생동하는 봄날에 아침을 알리고
촉촉이 내린 이슬비에 땅 속을 헤집고

만물이 움트는 기운으로
살랑거리는 바람에 실려오고

봄바람마저 살며시 스며들고
대지를 파고드는 그리움으로

하나 둘 고개 들어 보이고
파릇한 수줍음 새 잎으로 돋아나고

따스한 햇살의 에너지 흐르고
생명의 소리로 시작을 알린다.

정사(丁巳)

세상을 향해서 불타는 열정
넘치는 카리스마로 저돌적이고

명랑하고 활동적이고
매사에 열정으로 가득하고

남다른 매력 끼를 발산하고
변화가 심하고 끈기가 부족하다

불타오르면 급하고
변덕으로 실수하고

사방을 누비고 다니는 길
바쁜 걸음 날렵한 몸으로 누비고

불타는 정열, 욕망의 꿈으로
산을 태우고 대지를 흔들어 놓고

부지런한 활동력으로
천릿길 동분서주하고

왕성한 열정 인내로 덕을 쌓고
끈기로 한길로 가면 성공한다.

무오(戊午)

눈이 부시도록 아름다운 들꽃의 향기
아침 햇살에 비치는 높은 산의 정기

이상은 높아 허공을 향하고
자존감은 강해서 굽힐 줄 모르고

고집으로 산을 오르고
뜨거운 열정으로 덮고

생각은 많아서 산을 오르고
할 일은 많고 학문은 태산인데

곱게 물들어가는 동산
형형색색의 꽃잎으로 타오르고

뜨거운 열정 산을 태우고
깊은 생각은 뜻을 이루고

진중함으로 믿음을 낳고
중화로 조후로 자연을 품고

배려와 존중 사랑으로 안고
왕고집 버릴 때 행운이 깃들고.

기미(己未)

산소 같은 이슬비 소리 받들고
단비가 내리면 풍요로운 들판

온순하고 다정하지만
주변을 놀라게 할 수 있고

물불 앞뒤 가리지 않고
감정이 오르면 저돌적이다

조열하면 감성은 메마르고
시급한 조후가 필요하다

조용하고 차분하면 편안하고
참는 인내로 주변을 살펴보고

황무지 잡초라도 붙잡고
생명의 물방울소리 스밀 때

한바탕 태풍이 지나고
계절이 바뀌어 열매 맺을 때

성급함을 버리고 내려놓을 때
행복의 길로 내일을 기약한다.

경신(庚申)

큰 바윗돌 하늘 지붕으로 덮고
세상을 향해서 바윗돌 깔아 놓고

밝게 빛나는 카리스마
저돌적인 자존감 강하고

강철 같은 고집 버릴 때
부드러움으로 세상을 안고

대지에 드넓은 평상 받치고
길손 쉬어 가는 그늘 만들어 놓고

서쪽하늘 노을이 질 때면
석양빛으로 붉게 타오르고

눈부신 황금들녘을 기약하고
부지런함으로 석양을 가른다

재능은 살려서 활용하고
갈고 다듬고 인내하면 길하고

바위산을 넘는 재주로
희망을 싣고 사랑을 심어 놓고.

신유(辛酉)

밤 하늘 빛나는 별들의 이야기
반짝이는 영롱한 불빛으로

진주알 같은 보석들이 모여
알알이 엮어 놓으면 눈이 부시고

서늘한 기운 칼끝으로 베이고
분명한 색깔은 선을 그리고

곧은 성격 타협이 불가능하고
자존심이 나무숲을 가른다

부드러움으로 덕을 쌓고
여유로운 마음 순수로 빛나고

깔끔한 카리스마
높은 자존심 세우고

부드러울 때 세상이 아름답고
칼날을 세우면 주변이 아프다.

임술(壬戌)

초저녁 바람의 파도소리
불어오는 바람에 선들하고

가을을 부르는 문턱
어둠 속으로 깊어만 가는데

드넓은 검은 바다 등댓불 벗삼아
희미한 어둠의 길 인도하고

항구에 이르도록 방향키 잡고
어부들의 만선을 기대하고서

주인이야 있고 없고
충직함으로 지키고

저 멀리 통통통 뱃고동 소리
파도치는 소리 잔물결 일고

그곳에 모인 만남의 기쁨
세상 사람 행복하게 하고

서늘한 바람에 저녁 별 반짝이고
울리는 소리 듬직한 충성의 메아리.

계해(癸亥)

세상을 향해서 바삐 달리고
밤낮을 돌고 돌아서 흐르고

어둠 속 잔잔히 이는 물결소리 철퍽이고
새로운 길 창조 변화를 추구하고

시대적 변화의 흐름을 알고
꿈은 많고 열정은 가득하다

먼 거리 짧은 여행 즐기고
지혜로움 주변을 물들이고

모두가 곤하게 잠든 사이
이 밤이 새도록 안개비 품고

별이 반짝이는 밤은 깊은데
새벽을 부르는 바람 소리 정적을 깨우고

어둠을 헤집고 두 눈동자 비비고서
가뭄의 단비로 내리는 날 꿈꾸고

출렁이는 물결소리에 밤은 깊고
동녘하늘 고요한 정적을 가득히 싣고.

삼정(森亭) 김나현 제1시집
시(詩)로 보는 육십갑자(六十甲子)

지은이 김 나 현
펴낸이 이 재 갑
펴낸곳 도서출판 문예사조
등 록 2-1071 (1990. 10. 15)

04558 서울시 중구 퇴계로 41길 8(충무로4가)
Tel. 02-720-5328, 2272-9095
Fax. 02-2272-9230

http://www.munyesajo.co.kr
e-mail : mysj5328@hanmail.net

발행일 2018년 8월 25일

값 10,000 원

ISBN 978-89-5724-232-2